◉ 陶弘景

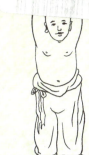

八段錦

成都时代出版社

CHENGDU TIMES PRESS

张志刚 编著

序言
Prologue

气机流畅，骨正筋柔
——长寿健身操八段锦

八段锦作为一种古老的导引术，是中国传统医学瑰宝之一。它通过如锦缎般优美、柔顺的动作和气息调理，作用于人体经络脏腑，进而起到治病强身、延年益寿的效果。

从马王堆出土的《导引图》的散式功法，到陶弘景编创出完整的导引动作套路，再到后世各种版本的套路歌诀，八段锦在历代的传承中，衍生出极为丰富多样的种类。但无论是散式还是完整的功法套路，无论是正好八式还是多于或少于八式，它们在共同构成八段锦博大精深体系的同时，与古代导引术都有着一脉相承的联系。其强身健体、防病治病的共同目的都是一致的。

八段锦从古至今深受民众喜爱的原因，当归之于其在保健养生中的独特作用。它明确的锻炼目的体现在每一段的动作之中，综合起来则是对人体全身各部位以及相应脏腑、气血和经络产生保健、调理的作用。它简单易学，老少皆宜，不受场地限制，在一平方米范围内即可做完整套动作。它功效显著，在柔和舒缓的动作中能舒筋通络、调畅气血，长期练之则可强身健体、祛病延年。

本书由中医学专家、健身功法专业教练张志刚老师精心编写而成，选取八段锦中流传最广，且极具代表性的立式和坐式功法各一套，以图文并茂、生动形象的方式予以呈现，并从中西医不同角度对其健身保健机理进行着重分析，以便于广大健身爱好者能够轻松快速地掌握动作要领，并根据自身实际情况有针对性地加以习练。

有病疗疾，无病健身，愿更多人能够通过本书，真正掌握并受益于这一家庭实用的健身运动。

目录
Contents

第一章 古老导引术——八段锦
Chinese Regimen has Thousands Years of History——Ba Duan Jin Exercise

一、八段锦的由来 **2**

◎重见天日的西汉《导引图》　　◎陶弘景的继承与开创

◎八段锦的形成和定型　　◎寓意高贵的名称

二、八段锦的功法特点 **7**

◎结合医理，小劳防疾　　◎柔和舒缓，导气引体

◎松紧结合，协调阴阳　　◎神与形合，气贯全身

三、八段锦的练功方法 **9**

◎练功遵循的四大准则　　◎阶段练习的步骤要领

第二章 八段锦功法基础
Basics of Ba Duan Jin Exercise

一、基本手形 **14**

◎握拳　　◎抱拳　　◎平掌　　◎八字掌　　◎勾手

二、基本步形 **15**

◎分立步　　◎马步　　◎弓步　　◎仆步　　◎侧步

三、基本身形 **17**

◎直身　　◎俯身　　◎打坐姿势

四、呼吸和意念 **18**

◎呼吸　　◎意念

第三章 立式八段锦功法图解
Illustrations of the Standing-style Ba Duan Jin Exercise

预备势 **24**

第一段 两手托天理三焦 **26**

第二段 左右开弓似射雕 **29**

第三段 调理脾胃须单举 33

第四段 五劳七伤往后瞧 36

第五段 攒拳怒目增气力 39

第六段 两手攀足固肾腰 43

第七段 摇头摆尾去心火 45

第八段 背后七颠百病消 48

收势 51

第四章 坐式八段锦功法图解
Illustrations of the Sitting-style Ba Duan Jin Exercise

第一段 叩齿集神 54

第二段 掌抱昆仑 55

第三段 指敲玉枕 56

第四段 微摆天柱 57

第五段 手摩精门 58

第六段 双关辘轳 59

第七段 托按攀足 61

第八段 任督运转 62

第五章 八段锦的健身机理
Regimen Mechanism of Ba Duan Jin Exercise

一、炼五脏六腑，祛病强身 66

二、舒经活络，保阴阳平衡 68

后记

古为今用的强身健体之法，颐养天年的健康真谛 72

第一章
Chapter One

古老导引术
——八段锦

Chinese Regimen has Thousands Years
of History——Ba Duan Jin Exercise

　　八段锦源自于中国古代的导引术，是自陶弘景编创出成套医疗保健运动后，衍生出的传统健身宝典。其寓意高贵，历史悠久，种类多样，特点鲜明，功效显著，是中华文化中的瑰宝。

一、八段锦的由来
Origin of Ba Duan Jin Exercise

八段锦的发展历史十分悠久。从西汉马王堆帛画《导引图》，到最早的成套的医疗保健运动——五禽戏，再到逐步完善定型的八段锦，充分体现出它们一脉相承的特点。

◎ 重见天日的西汉《导引图》

在长沙马王堆西汉墓出土的帛画《导引图》之前，人们通常认为，八段锦是梁代陶弘景对导引术的发展。《导引图》重现后，其历史渊源就被提前了。

1974年，湖南省长沙市马王堆3号汉墓中的帛画得以重见天日。这幅被后人称作《导引图》的帛画，长100厘米，宽50厘米，上下共4层，每层11幅小图，共有44个运动姿态各异的人物图像。这些图像大致男女各半，操练内容和服饰特点混杂相间，图旁注有术式名称，文字依稀可辨。它是我国现存最早的导引图谱，真实地反映了2000多年前我国古人健身的情景，具有十分重要的史料价值。

《导引图》帛画复原图

《导引图》虽然没有图名，但是44个图形中，除残缺者外，大部分图形侧边都书写有简短的说明文字，其中能看出文字的有31处。这些见于文字记载的仿生图形，可以分为飞禽类、走兽类、龟鳖类、龙蛇类、昆虫类等，功法多样且并不限于禽和兽。根据导引图中表现出来的不同的特点，大致可分为呼吸、肢体、器械和治疗等功法。这与我国古籍中有关"导引"的文字记载是基本一致的。而八段锦的动作几乎都能在这些图示中被找到。

"导引"的名称在历代的古籍中记载不一，简略不详，后来各家注释也不一致。但归纳起来，其主要内容包括呼吸运动、肢体运动、按摩和舞蹈等。

如隋代巢元方《诸病源候论·白发候》引《养生方导引法》说："……令身囊中满其气，引之者，引此旧身内恶邪伏气，随引而出，故名导引。"其中所指即为呼吸运动。

如《黄帝内经·素问》唐代王冰注中说："导引谓摇筋骨，动支（肢）节。"又有宋代曾慥《道枢·太清养生篇》也借歧伯说："导引者，俛（俯）仰屈伸也。"指的都是肢体运动。

如王冰在《黄帝内经·素问·金匮真言论》"按跷"注中说："按谓按摩，跷谓跷捷者之举动手足。是谓导引。"指的是按摩运动。

如《吕氏春秋·大乐篇》："昔陶唐之始……民气郁阏而滞著，筋骨瑟缩不达，故作舞以宣导之。"则指舞蹈。

以上虽从不同侧面来解释导引，但可以看出，这些运动之间是有着密切的联系的。如《庄子·刻意篇》中说："吹呴呼吸，吐故纳新，熊经鸟申（伸），为寿而已，此导引之士，彭祖寿考之所好也。"这里前一、二句说的就是"呼吸运动"，第三句说的就是"肢体运动"。由此可见，导引实际上也就是含呼吸、运动和治病功效等在内的一种古代健身功法。

◎陶弘景的继承与开创

仿生类导引术的文字记载最早见于《庄子·刻意篇》，这说明在战国时期，这种导引术已经很流行了。马王堆出土的《导引图》更是对仿生导引功法做了生动的图文展现。《导引图》中"吐故纳新"的呼吸运动，摹仿"熊经鸟伸"的仿生运动，以及"摇筋骨、动支节"等多种肢体、关节运动，是对导引术的进一步丰富和发展。到了梁代，以陶弘景为代表对前人导引术的成就进行了归纳总结，从而把导引术向前推进了一步。

陶弘景（公元456～536年），字通明，自号华阳隐居，秣陵人（今江苏南京），是古代著名的医学家、道教理论家。他撰有《养性延命录》一书，此书总结了魏晋以前的健身理论和方法，很多内容亦被隋朝巢元方的《诸病源候论》，唐代孙思邈的《备急千金要方》《千金翼方》，日本的《医心方》等书所吸收。

《养性延命录》中著有专门一篇讲述导引按摩之术。其中《导引按摩篇第五》中有如下记述："直引左臂，拳曲右臂，如挽一斛五斗弓势，尽力为之，右手挽弓势亦然。次以右手托地，左手仰托天，尽势，右亦如然。"俨然与八段锦的"左右开弓似射雕"和"调理脾胃须单举"在顺序和行功方法上都是一致的。导引按摩篇中的"狼踞鸱顾，左右自摇曳"动作与摇头摆尾去心火相类，"顿踵"与背后七颠百病消相同，"引项反顾"动作与五劳七伤往后瞧一致。书中叩齿、咽津亦被十二段锦、十六段锦所吸收。

由此可以看出，八段锦与古代导引术有渊源关系，是从中衍生出来的功法之一。

《行气玉佩铭》

《行气玉佩铭拓片》

《行气玉佩铭》及拓片

《行气玉佩铭》是我国现存最早的气功理论文物资料，据考为战国后期的作品。全文为："行气，深则蓄，蓄则伸，伸则下，下则定，定则固，固则萌，萌则长，长则退，退则天。天几春在上，地几春在下。顺则生，逆则死。"

◎ 八段锦的形成和定型

马王堆出土的《导引图》是一卷带资料汇编性质的健身图，其中的各图相互独立，还并不是系统的功法套路。梁代时期的陶弘景著的《养性延命录》最早记载了与八段锦动作相似的功法雏形，由此对后世的导引、武术等都产生了较为深远的影响。在逐渐发展而形成新的导引功法体系中，极具代表性的就是八段锦。

八段锦作为导引术的衍生，形成于宋代，发展于明清。其名称最早见于南宋洪迈《夷坚志》："政和七年（1117年），李似矩为起居郎。……似矩素于色简薄，多独止于外舍，仿方士熊经鸟伸之术，得之甚喜。……尝以夜半时起坐，嘘吸按摩，行所谓八段锦者。"但这里并没有记载八段锦的具体功法，名称也叫"长生安乐法"。

南宋初年，著名道教学者曾慥在汇集宋以前文献的《修真十书·杂著捷径》中，对坐式八段锦进行了较为详细的记载。在卷二十三《临江仙》词的附注中，曾慥提到，宋时八段锦有钟离、窦银青、小崔先生三家，加上他自己在小崔先生的八段锦基础上加入六字诀呼吸法创编的曾慥八段锦，总共有四家。后来窦银青和小崔先生二家失传，便只剩下了曾慥八段锦和钟离八段锦。

钟离指的是唐代的钟离权，他是传说中的八仙之一。《修真十书·杂著捷径》卷十九记载的钟离八段锦法有歌、图两部分。歌诀由36句五言诗组成，并附有小字注释。功法采用坐势，由叩齿、咽津、摩腰背、转肩伸脚、伸手攀足等肢体动作，结合意念活动组成。原书还配有坐位图八幅，图无名称，图下有动作说明。

在曾慥所撰的《道枢·众妙篇》中，还辑录了文字描述七式动作的立式八段锦："仰掌上举，以治三焦者也；左肝右肺如射雕焉；东西独托，所以安其脾胃矣；返复而顾，所以理其伤劳矣；大小朝天，所以通其五脏矣；咽津补气，左右挑其手，摆鳝之尾，所以祛心之疾矣；左右手以攀其足，所以治其腰矣。"

南宋陈元靓所编《事林广记·修真秘旨》中载有"吕真人安乐法"，其内容和《道枢·众妙篇》所辑功法基本相同，但用歌诀编成，其内容为："昂头仰托顺三焦，左肝右肺如射雕，东脾单托兼西胃，五劳回顾七伤调，脏（脏通'鳝'）鱼摆尾通心气，两手搬脚定于腰，大小朝天安五脏，漱津咽纳指双挑。"

以上两段文字虽然都没有以"八段锦"命名，但是就内容相近来判断，基本可以认定为是后世八段锦的歌诀原型来源之一。

宋元时，道人托晋人许逊所编的《灵剑子引导子午记·引导诀》中记载："仰托一度理三焦，左肝右肺如射雕，东肝单托西通肾，五劳回顾七伤调。游鱼摆尾通心脏，手攀双足理于腰，次鸣天鼓三十六，两手掩耳后头敲。"最后两句说的是鸣天鼓的次数和动作，实际上八句话概括了七个动作。这里虽然也没有以八段锦命名，但实际上就是后世立式八段锦早期的歌诀形式。

由此可知，早期的八段锦不但有坐式、立式，还有单纯导引术、配合六字气诀的吐纳兼导引等多种形式。

明洪武十二年（1379年），明太祖朱元璋第十七子朱权撰著的《活人心法·导引法》中，载录了著名的"八段锦导引法"，它的歌诀和小字注释同于《修真十书·杂著捷径》的钟离八段锦法，并且另外画了八幅坐功图。八图均有图名，图下除了"钟离八段锦法"文字说明外，还有详细的注释。

此后，明清时期的多种医学著作，都以不同名称刊载了坐式八段锦，如明代《修龄要旨》"八段锦法"、朝鲜《医方类聚》"导引法"、《夷门广牍·赤凤髓》"八段锦导引图"、《遵生八笺·延年却病笺》"八段锦导引法"及"八段锦坐功图"、《类修要诀》"钟离祖师八段锦导引法"、《东医宝鉴·内景篇》"按摩导引"、《摄生总要》"八段锦导引图"、清代《心医集》"八段锦"和"八段锦诗"、《颐养诠要》"钟离公八段锦"、《万寿仙书》"八段锦坐功捷径"、《三才图会》"八段锦导引图说"、《养生秘旨》"八段导引法"、《内外功图说辑要》"八段锦内功"和"八段锦口诀解要"等等。这些著作中都引用了八段锦歌诀或坐功图，从而掀起了明清导引术大发展的热潮，且出现了十二段锦、十六段锦等多种在八段锦基础上发展而成的功法。

除了坐式八段锦之外，明清时期的立式八段锦也得到很大发展。如明代胡文焕《类修要诀》在引用宋元时期《灵剑子引导子午记·引导诀》后，改名为《许真君引导诀》；朝鲜金礼蒙等编的《医方类聚》辑录了南宋的"吕真人安乐法"等等。清代冯曦所撰《颐养诠要》收载了"吕祖安乐歌"，其歌诀与南宋"吕真人安乐法"较为接近，"双开一度理三焦，左肝右肺如射雕，东脾西胃须单托，五劳七伤四顾摇，脏鱼摆尾驱心病，手摩脚腿理肾腰，大小朝天安五脏，咽津纳气指双挑。一日若能四五作，自然法火遍身烧，十二时中频频作，管教延年百病消"。清代光绪年间娄杰编撰的《八段锦坐立功法图诀》已图文兼备，清末青莱真人撰的《八段锦图说》亦有清广州守经堂刻本传世。

近代流传最广的立式八段锦，其歌诀的定型也是在清光绪年间这一时期，如《幼学操身》和《新出保身图说·八段锦图》所载八句七言歌诀："两手托天理三焦，左右开弓似射雕。调理脾胃须单举，五劳七伤往后瞧。摇头摆尾去心火，背后七颠百病消。攒拳怒目增气力，两手攀足固肾腰。"歌诀问世后一直沿用至今，具有极为广泛而深远的影响。

◎寓意高贵的名称

八段锦功法是一套独立而完整的健身功法，由八种肢体动作组成，包括肢体运动和气息调理。因其体势动作古朴高雅，故而得名八段锦。

八段锦的"八"表示数量为八个或者八段，也可以看成是一个约数。因为在北宋时期，太极八卦学说盛行，所以在取名时取"八"这个"约数"很可能是表示如八卦那样，功法中含有多种要素相互联系和相互制约，以及它们之间相互运转之意。至于后来出现的"四段锦"、"六段锦"、"十二段锦"、"十六段锦"、"二十四段锦"及"百段锦"等，虽然数量上有所变化，但其本质是一样的。

八段锦的"锦"与"戏"、"事"、"势"、"法"、"经"、"术"等词一样，是我国古代导引术中常用于命名功法名称的词。"锦"字由"金"和"帛"组成，"金"表示贵重，"帛"表示珍贵、华丽的丝织品。因此"锦"在古代是表示贵重而又精美的物品的总称，表示功法的珍贵、姿势的优美。另外，"锦"还有集锦的意思，可以理解为单个好的导引式的汇集，借以表示对前人优秀功法动作的精选和提炼，而不是简单的随便拼凑。再则，"锦"还有"织锦"的意思，织锦相连无端，一环扣一环，没有瑕疵，在此借以表示八段锦功法的连绵不断、循环往复之意。

八段锦遵循人体的内外练习和动作的内在规律，以连绵不断、简单易行的身体练习为手段，从而达到强健身体、预防疾病的目的。

二、八段锦的功法特点
Characteristics of Ba Duan Jin Exercise

习练八段锦强调动作与中医理论的紧密结合，目的是增进健康、防治疾病。它的运动强度和动作的编排次序完全符合人体运动学和生理学规律，动作简单易学，功法效果显著。总体来说，八段锦的功法特点表现为以下几个方面。

◎ 结合医理，小劳防疾

八段锦功法原理与中医学的基本理论如出一辙，与传统脏腑经络理论关系密切，并且在动作的选择上都是已被传统健身术证明行之有效的动作，如托天、射雕、单举、转头、摆尾、冲拳、躬身和踮足等。

八段锦的动作能运动到全身各个部位，其中主要的是脊柱和背部。并且通过脊椎棘突、横突的牵动刺激人体腧穴，连同督脉、任脉的经气运行全身，强壮人的五脏六腑（其健身养生机理在下文中将详细介绍）。

此外，八段锦属于中小强度的运动，"小劳"是其健身的一个重要特色。陶弘景在《养性延命录》中曾指出："虽常服药物，而不知养性之术，亦难以长生也。养性之道，不欲饱食便卧及终日久坐，皆损寿也。人欲小劳，但莫至疲及强所不能堪胜耳。人食毕，当行步踌躇，有所修为为快也。"唐代孙思邈在《千金备急要方》中提到："养性之道，

常欲小劳，但莫大疲及强所不能堪耳。且流水不腐，户枢不蠹，以其运动故也。"宋代蒲虔贯在《保生要录》中也提倡"小劳术"："事闲随意为之，各数十过而已。每日频行，必身轻、目明、筋壮，血脉调畅，饮食易消，无所壅滞。体中小有不佳，快为之即解。"可见，小劳之术才是最正确的保养方法。

◎ 柔和舒缓，导气引体

柔和，是指动作轻松自如，不僵滞；舒缓，是指动作舒展大方，速度轻缓；圆活，是指以腰为轴带动四肢做弧形运动，上下相随，节节贯穿；连贯，是指虚实转换无停顿，如行云流水般衔接自然。

八段锦柔和缓慢的动作能让生命机体充分放松自然，更好地发挥人体自身的调节功能，导气引体，调畅气血。通过对肢体躯干的屈伸俯仰和体内气机的升降开合，使全身筋脉得以牵拉舒展，经络得以畅通，从而实现"骨正筋柔，气血以流"。

◎ 松紧结合，协调阴阳

松紧结合是指动作松紧配合适度，以松为主，以紧为辅。松，是指身心放松，在意识的主导下，逐步达到呼吸柔和、心静体松，动作流畅自然；紧，是指动作瞬间适当用力，主要体现在上一动作结束与下一动作开始之前，如两掌上托、马步拉弓等。

八段锦还具有动静相兼的特点。动与静是指身体的外在表现。动，是指在意念引导下，肢体协调配合的全身运动；静，是指动作外观上的略有停顿，实际上内劲不停，肌肉继续用力。

松与紧、动与静密切配合，频繁转换，有助于刺激调节机体的阴阳协调能力，促使经气流通，活血化瘀，滑利关节，强筋壮骨。

◎ 神与形合，气贯全身

神与形合，是指功法练习中的神形兼备、意动形随。神，是指人体的精神状态和正常的意识活动；形，是指在精神意识活动支配下的形体表现。"神为形之主，形乃神之宅"。神与形是相互联系和相互促进的统一整体。八段锦功法动作中充满着对称与和谐，体现出内实精神、外示安逸、虚实相生、刚柔相济的特点，是神与形合的具体表现。

气贯全身，是指以意领气，贯通全身。八段锦练习要求意注于力，通过精神的修养和形体的锻炼，促进真气在体内的运行，以达到强身健体的功效。习练八段锦时，呼吸应顺畅，切忌强吸硬呼。练习过程中特别强调动作为呼吸服务，动作的柔和缓慢、连贯自然，有利于呼吸的悠、缓、细、匀、深、长，从而提高练习效果。

三、八段锦的练功方法
Learning Ways of Ba Duan Jin Exercise

中国传统健身功法通常是以身体运动、呼吸练习和意念活动为手段，八段锦也是如此。总体上来说，八段锦简单易学，但在练功过程中，也应遵循准则，循序渐进地提高，方可收到最好的效果。

◎ 练功遵循的四大准则

（1）练中有养，养中有练

练中有养、养中有练即是要做到练养相兼。练与养相互并存，不能截然分开。练意在养，养可提高练的效果。

练，是指形体运动、呼吸调整与心理调节有机结合的锻炼过程。俗话说"拳不离手，曲不离口"，说的就是功法的学习掌握，关键还在于平时的反复多练。

养，是指通过练，使身体出现轻松舒适、呼吸柔和、意守绵绵的静养状态。练的目的是为了健康，但单纯的练习健身效果并不明显，只有结合养才能使练的效果更好。

练养相兼与日常生活关系密切，如饮食有节、起居有常、劳逸适度等好的生活习惯，就可以起到养生的作用。积极愉悦的乐观情绪，也有助于提高练功的效果，从而促进身心的健康。

（2）方法准确，灵活掌握

准确，是指练功时姿势和方法要正确。在学习动作时，动作的路线、方位、角度、虚实、松紧等要分清，做到姿势工整、准确无误。方法上，要认真体会动作过程中身体各部位的要求和要领，根据自身的健康状况掌握科学的锻炼方法，合理安排好练功的时间，准确把握练功的强度。

灵活，是指习练时对姿势的高低、动作幅度的大小、用力的大小、习练的时间、呼吸的调整、意念的运用等细节，要因人而异，根据自身情况灵活掌握。

（3）松静相辅，顺其自然

松，是指放松，包括精神放松和形体放松。精神放松是指解除精神、情绪上的紧张状态，形体放松是指肌肉、关节等生理上的放松。放松是一个重要的锻炼过程，应该遵循由内而外、由浅到深的规律，使放松的程度不断加深。

静，是指排除一切干扰和杂念，保持内心的安详和宁静。身心放松有助于入静，入静又可以促进放松，二者相辅相成。

自然，是指道法自然，包括形体、呼吸和意念三方面。形体自然是指动作圆活，准确规范；呼吸自然是指自然呼吸，不必强吸硬呼；意念自然是指轻松自然，不要过于用意，造成精神紧张。

（4）循序渐进，功法自成

学习八段锦要遵循由易到难、由浅入深、循序渐进的规律，合理安排好运动量。比如，初学者多以练形为主，追求姿势工整和方法正确。经过一段时间的练习后，运动连贯性和控制能力有所提高，对动作要领的体会不断深入，便可在动作中加入呼吸、意念等更多的细节要求。这个由生疏到熟练的锻炼过程，是随着时间和次量的积累逐步达成，切不可急于求成或半途而废。

◎阶段练习的步骤要领

八段锦属于中国古代的导引术，具有以形体锻炼为主的功法特点。它的动作比较简单易学，且动作是为呼吸和意念服务的。身体动起来可以使精神静下来，只有学好了动作，才能加入呼吸和意念的练习。

（1）以"练形"为主

学练八段锦，可分为以下三个阶段。

一是初步掌握动作阶段。这一阶段是依样画葫芦的动作模仿阶段，主要从基本手形、基本步形和基本身形练起。初学者对所学动作只有感性认识，搞不清动作的内在规律，学习动作时力求模仿准确、规范、到位即可。

二是熟练掌握动作阶段。这一阶段学习者对动作的内在规律有了初步了解，已经能够较为连贯地完成动作。这时要注意身体重心的转换，掌握好平衡，处理好动作间的衔接，以腰脊带动四肢，使动作柔和缓慢，圆活连贯，上下相随，节节贯穿。在反复练习中，要认真体会正确的动作细节，不断地纠正错误，使每一个动作都能准确到位、运用自如。在练习后半段时，还可结合简单动作配合呼吸练习。

三是巩固提高动作质量阶段。这一阶段运动条件反射系统已经巩固，动作也基本定型，某些动作熟练可达自动化的程度。这时动作要准确、优美，配合呼吸练习，在求松静、分虚实、讲刚柔、知内劲中，做到用意不用力。

（2）灵活运用呼吸

习练八段锦一般采用腹式呼吸，可单独练习，也可配合动作练习。单独练习多在前述第二阶段前半部分进行，具体操作方法为取正坐或卧式，两手置于小腹，吸气时提肛、收腹、膈肌上升，呼气时膈肌下降、松腹、松肛。呼吸吐纳与动作导引相互配合时，起吸落呼，开吸合呼，蓄吸发呼。在每一段主体动作的松紧与动静变化的交替处，可适当屏气。

因为每个人的肺活量、呼吸频率存在差异，加上练功时动作幅度的大小也不同，所以练习者在运用呼吸时，应该灵活调节，不能生搬硬套。

（3）把握意守重点

动作熟练后，要通过意守来强化锻炼效果，而掌握意守重点也是有效提高练习效果的关键。如站式八段锦各式的意守重点为：“预备势”意守丹田；第一段“两手托天理三焦”意想三焦通畅；第二段“左右开弓似射雕”意至食指商阳；第三段“调理脾胃须单举”意想丹田；第四段“五劳七伤往后瞧”，转动颈部意在大椎；第五段“攒拳怒目增气力”，气力发于丹田；第六段“两手攀足固肾腰”，畅通任督二脉，意在命门，气息沉至丹田；第七段“摇头摆尾去心火”，摇头意在放松大椎，摆尾意在转动尾闾，意想涌泉；第八段“背后七颠百病消”意想丹田；“收势”气息归元守丹田。

第二章
Chapter Two

八段锦
功法基础
Basics of Ba Duan Jin Exercise

　　八段锦功法是一种气功，是以调身、调息、调心为手段，以祛病健身、开发潜能为目的的一种身心锻炼方法。调身是指调控身体的姿势和动作，调息是指调控呼吸运动，调心是指调控心理活动。本章从基本手形、步形、身形、呼吸和意念几个方面，对八段锦功法基础进行简要介绍。

一、基本手形
Basic Gestures

◎ 握拳

四指屈拢收于掌心，用大拇扣压食指和中指第二关节处。

◎ 抱拳

双腿并步直立，两手屈肘握拳，拳心向上收抱于腰侧，目平视前方。

◎ 平掌

五指微屈，稍分开，掌心微含。

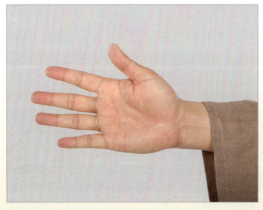

◎ 八字掌

拇指与食指竖直分开成八字状，其余三指第一、二指节屈收，掌心微含。

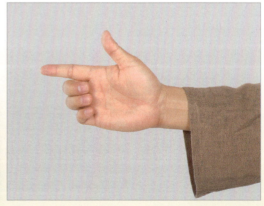

◎勾手

食指伸出，第一、二关节弯曲成钩状。中指、无名指、小指第一、二指节屈收，大拇指横贴中指第二关节处。

二、基本步形
Basic Step Form

◎分立步

两脚左右分开，间距与肩宽相等。双腿膝盖微屈，目平视前方。

◎马步

两脚开立，脚间距约为两个肩宽，屈膝半蹲，大腿略高于水平。

马步下蹲时，要蹲得深、平、稳，使腿部肌肉紧张，腹部肌肉缩进，在凝神静气的自然呼吸中，达到锻炼全身的效果。

◎弓步

前腿屈膝前弓，大腿接近水平（或斜向地面），膝盖不超过脚尖；后腿自然蹬直，脚跟外展，脚尖斜向前方约45度。两脚横向距离10～30厘米。前弓腿为实，后蹬腿为虚，两腿承担体重的比例为前七后三。

◎仆步

两腿左右尽量分开，一腿屈膝全蹲，膝部与脚尖外展，另一腿伸直平仆，接近地面。两脚均以全脚掌着地。左腿伸直为左仆步，右腿伸直为右仆步。

◎侧步

两脚左右分开，间距略比肩宽。一腿微屈膝，另一腿斜向地面，身体重心微向屈膝腿偏移。

三、基本身形
Basic Body Form

◎ 直身

全身挺直站立。两腿并拢，两手自然垂落，贴于两腿外侧。目平视正前方。多用于预备势和收势。（图1、1侧）

◎ 俯身

在直身的基础上，向前弯腰下俯，双手五指并拢为掌，以指尖去触脚面。（图2、2侧）

图1侧　　　　　图1　　　　　图2侧　　　　图2

◎ 打坐姿势

这里的打坐姿势是相对于坐式八段锦而言，包括自然盘、单盘和双盘三种。

（1）自然盘

正身端坐，两小腿交叉，右腿在内，左腿在外，两脚置于两大腿下，脚心斜向外后方。左右腿可以互换练习。（图3）

（2）单盘

正身端坐，以左脚脚后跟轻抵会阴穴处，右脚置于左腿上靠近大腿根部，脚心朝上，两脚放平。左右腿可互换练习。

（3）双盘

正身端坐，右腿置于左腿上靠近大腿根部，脚心朝上，将左脚置于右腿上靠近大腿根部，脚心朝上，两腿放平。左右腿可互换练习。

图3

四、呼吸和意念
Breath and Ideas

◎呼吸

呼吸是机体与外界环境之间气体交换的过程，是气功锻炼的重要环节。它包括外呼吸和内呼吸。外呼吸是指在肺内进行的外界空气与血液的气体交换，又叫肺呼吸；内呼吸是指血液与组织细胞的气体交换，也称组织呼吸。八段锦中的呼吸练习主要是指调整肺呼吸。

"一呼一吸谓之息"，所以古人将调整呼吸称之为调息。调息是为了达到练功的要求和目的，而有意识地去调整和控制呼吸。它包括自然呼吸、逆腹式呼吸、顺腹式呼吸、提肛呼吸和停闭呼吸等等。

（1）自然呼吸

自然呼吸即顺其自然地呼吸，不需要加以意念控制。这种呼吸方法多适用于初学者、体质羸弱、心肺疾患和心功能不全者，可减轻练功时对心肺造成的负担。自然呼吸在各种功法不可或缺，具有重要的调节作用。坐式八段锦中"冥心握固"、"叩齿鸣鼓"、"摇身晃海"等动作采用的就是自然呼吸。

（2）逆腹式呼吸

逆腹式呼吸是吸气时腹部内收，呼气时腹部隆起的一种呼吸方式。吸气时，由腹部提升至胸中的体内"先天之气"与吸取于自然界的"后天之气"在胸中交融；呼气时，真气降至丹田，浊气排出体外。逆腹式呼吸有利于心肾相交、水火相济。坐式八段锦中"微撼天柱"、"摇转轱辘"、"托天按顶"、"前抚脘腹"、"鼓漱吞津"等动作采用的就是逆腹式呼吸。

（3）顺腹式呼吸

顺腹式呼吸与逆腹式呼吸相反，是吸气时腹部隆起，呼气时腹部内收。这种方法可利用吸入的"后天之气"引动体内的"先天之气"。坐式八段锦中"温煦脐轮"采用的就是顺腹式呼吸。

（4）提肛呼吸

吸气时有意识地收提肛门和会阴部肌肉，呼气时放松肛门及会阴部肌肉，这种呼吸方法被称作提肛呼吸。因为前后二阴是肾之窍，会阴是任脉、督脉和冲脉的交汇处，所以提肛呼吸可以起到补肾壮阳、固精益气和畅通任、督、冲三脉的作用，并对痔疮、前列腺疾病、泌尿系统疾病等有很好的防治作用。八段锦中一般以提肛呼吸动作配合腹式呼吸。

（5）停闭呼吸

停闭呼吸也就是闭气，即在呼吸结束后屏住呼吸。闭气有利于吸进清气，排出浊气，加强气体交换，畅通经络，促进血液循环，并可加大动作对关节、肌肉、脏腑、神经、体液的刺激强度，提高锻炼效果。闭气时间长短视动作要求而定，且因人而异。

八段锦中强调的呼吸练习，对按摩和保健内脏、增强身体机能、促进血液循环和改善心血管系统功能具有积极的作用。在练习过程中，应针对空气质量和自身体质状况选择相应的呼吸方法。一般来说，呼吸练习最好采取鼻吸。一方面是因为鼻吸较易控制，可以使呼吸变得细腻均匀，有利于配合动作练习；另一方面鼻腔可预热所吸入的空气，避免寒邪犯肺，鼻毛也有消除灰尘和病菌的作用。

◎意念

意念是指观念、念头或想法，是气功练习的重要内容。对意念的调整和控制称为调心。调心是对自我的精神意识和思维活动进行主动、自觉的调整和控制，达到练功的要求和目的。练习八段锦时的意念活动，除特定要求外，主要是意想动作的过程，包括动作的规范、要点、重点部位和呼吸。在意念运用中，主要方法有冥心法、默数法、意守法和观想法等。

（1）意守法

意守是指在练习时把意念集中于人体某一部位、某一事物、某一景物或某一词语上，而避免外因对它的干扰，形成集中的活动中心。这样有利于专注一处、摄心归一，使意守部位受到的刺激得到加强，从而达到强化练习效果的目的。

八段锦练习中所采用的意守法，有意守身体用力部位和意守动作要点等。如坐式八段锦中"微撼天柱"和"掌抱昆仑"要求意守大椎穴；"背摩精门"要求意守肾腧穴；"温煦脐轮"要求意守神阙穴；"摇转辘轳"要求意守夹脊穴；"托天按顶"和"俯身攀足"要求意守动作的要领等。

（2）冥心法

冥心就是"冥灭心念、物我两忘，身似垂柳、心若寒冰"。在功法练习中，冥心有利于排除杂念、宁心静气、启动气机。坐式八段锦中，"冥心握固"采用的就是冥心法。

（3）观想法

观想就是两眼垂帘，进行内视、内观身体某一部位或自然界某一景物的方法。古人所说的存想、存神、返观、默照、禅观等，指的就是观想。观想有利于以念制念、返观内照、集中思想、凝神安息。坐式八段锦中"摇身晃海"要求观想海底，"鼓漱吞津"要求观想口内生津、意送丹田。

（4）默数法

默数就是指在安静的状态下数自己的呼吸或动作次数的方法。默数有利于集中注意力、收心入静，以一念代万念。坐式八段锦中"叩齿鸣鼓"采用的就是默数法。

八段锦意守可以起到节省能量、健脑增慧、平静情绪、畅通气血、保健脏腑和预防疾病的作用。但想要获得这样的效果，就必须经过大量的练习，并掌握正确的方法。在意守过程中，要注意做到用意专一，排除杂念，意守强度轻柔适度，不可过大或过小，意念到位，集中于用力部位。

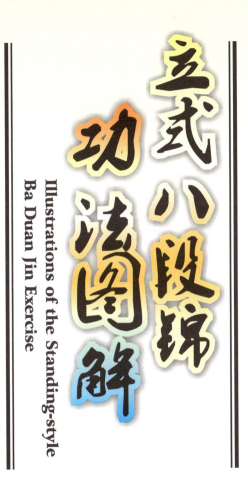

第三章
Chapter Three

立式八段锦功法图解
Illustrations of the Standing-style
Ba Duan Jin Exercise

立式八段锦是以站式及马步为基础的肢体运动为主，简单易学，运动量较坐式八段锦要大。它由八组如锦缎般优美、柔顺的动作构成，是我国导引术的精华集锦，具有祛病健身、延年益寿的功效。

预备势

动作

①直身，两脚并步站立，两臂自然垂于体侧，目视前方。（图1）

②松腰沉髋，重心移至右腿。左脚向左侧开步，脚尖朝前。两脚间距约与肩同宽。（图2）

图1

图2

③两掌随两臂内旋向身侧后摆，与腰同高，掌心向后。（图3）

④两臂外旋，肘微屈，双手向前合抱于腹前，与脐同高，掌心向内，掌间距约10厘米。同时两腿膝关节微屈，目视前方。（图4）

图3

图4

24

动作要领：

①两掌随臂侧起时，掌心向后，至体侧45度时转掌心向前。

②合抱于腹前时立项竖脊，舒胸实腹，松腰敛臀，放松命门，中正安舒。

易犯错误

①耸肩，抱球时掀肘，大拇指上翘，其余四指斜向地面。（图5）

②塌腰、八字脚。（图6、6侧面）

图5　　　　　　　　　　　图6　　　　　　　6侧面

纠正方法：

①两臂侧起时沉肩、坠肘，抱球时松腕舒指，指尖相对，拇指放平。

②合抱于腹前时松腰敛臀，两脚平行保持不动。

作用

　　宁静心神，调整呼吸，内安五脏，端正身形，从精神与肢体上做好练功前的准备。

　　预备势可作为基本桩功来练。练好该势可起到提高八段锦演练水平、增强锻炼效果的作用。

第一段 ■两手托天理三焦■

〉歌诀〈

叉指上托抬头看，平视上撑意通天。

两臂下落沉肩肘，松腕舒指捧腹前。

西汉·马王堆汉墓导引图谱"引温病"

清末·《新出保身图说》所载

仰掌上举以治三焦者也。

　　　　——（南宋）曾慥《道枢·众妙篇》

昂首仰托顺三焦。

　　　　——（南宋）陈元靓《事林广记·修真秘旨》

仰托一度理三焦：双手极力向上，如擎天状，托之，左右各三次。

　　　　——（宋元时）《灵剑子引导子午记·引导诀》

手把碧天擎。

　　　　——（清）娄杰《八段锦坐立功图诀》

图1

图2

动作

①接上式，左脚向右侧回收，两腿微屈并步立，两手从体侧移至身前，十指交叉互握，掌心向内。微低头，目视前下方。（图1）

②两腿徐徐挺膝伸直，同时两手缓缓上移至胸前，抬头目视前方。（图2）

图3

图4

③两脚脚尖踮起，脚跟离地，同时两臂继续上移，至头前时翻掌，向头顶上举，肘部伸直。抬头仰视两手掌背，挺胸吸气。（图3）

④身体重心下沉，脚跟落地，同时两手慢慢分开，臂肘放松，两手掌心向下朝身体两侧下落。头回转向前，目视前方。（图4）

本式两手向上托举和向下回落为一遍，全套动作练习时做3遍，单式练习时可做16～20遍。

动作要领：

①两掌上托要舒胸展体，抬头看手。

②抻拉时，脊柱上下对拉拔长，力由夹脊发，上达两掌。

③两掌下落时要松腰沉髋、沉肩坠肘、松腕舒指，保持身体中正。

易犯错误

①两掌朝前上托。（图5）

②两掌保持抻拉时，松懈断劲。

③两掌下落时，肩臂僵硬。

图5

纠正方法：

①两掌朝正上方上托，仰头看两手掌背。

②两掌下落时要先沉肩、坠肘，而后手臂自然下落，身体中正，松腕舒指。

作用

①双手托天的抻拉动作，可以使三焦通畅、气血调和，进而调理脏腑，起到强身健体的作用。

②该动作对脊柱和两侧的肌肉、韧带及关节软组织进行拉拔，具有预备暖身和防治肩部、脊椎疾患的功效。

■ 左右开弓似射雕 ■

〉歌诀〈

跨步直立搭手腕，马步下蹲拉弓弦。

变掌外推臂伸展，并步起身往前看。

西汉·马王堆汉墓导引图谱"挽弓"　　　　　清末·《新出保身图说》所载

左肝右肺如射雕焉。

　　　　——（南宋）曾慥《道枢·众妙篇》

左肝右肺如射雕。

　　　　——（南宋）陈元靓《事林广记·修真秘旨》

左肝右肺如射雕：先左引，次右引，极力为之，如前。

　　　　——（宋元时）《灵剑子引导子午记·引导诀》

雕弓左右鸣。

　　　　——（清）娄杰《八段锦坐立功图诀》

动作

①接上式，两腿微屈，两手自体侧打开，微向前伸，掌心相对。（图1）

②身体重心右移，左脚向左侧开步，两腿缓缓屈膝成马步，同时两手掌心向内在胸前交叉，左掌在内，右掌在外。目视前方。（图2）

图1　　　　　　　　　图2　　　　　　　　　图3

图4　　　　　　　　　图5

③右掌变勾手，屈肘朝右侧横拉；左掌变八字掌，展臂朝左侧推出，掌心向左。两臂与肩平，犹如拉弓射箭之势扩胸。吸气，同时头向左转，目视左方。（图3、4、5）

④右手肘部下落，右勾手移至左胸前，左手屈肘收于右臂前，八字掌掌心朝内。头回转向前，目视前方。（图6）

图6

图7

图8

图9

⑤左八字掌变勾手，屈肘朝左侧横拉；右勾手变八字掌，展臂朝右侧推出，掌心向右。两臂与肩平，犹如拉弓射箭之势扩胸。吸气，同时头向右转，目视右方。（图7、8、9）

　　以上左右轮流开弓，全套动作练习时，左右各做3遍，单式练习时可做16～20遍。

动作要领:

①两腕交搭时沉肩坠肘,掌不过肩。

②开弓时力由夹脊发,扩胸展肩,充分转头,侧拉之勾手有如拉弓弦,臂与胸平,八字掌侧撑需立腕、竖指、掌心含空。保持抻拉,约停两秒。

易犯错误

①开弓时端肩,塌腰,重心偏移。(图10)

②成马步时跪腿,脚尖外摆,马步不稳。

图10

纠正方法:

①开弓时立项沉肩,保持上体中正,重心平稳。

②马步的膝关节不能超过脚尖,而马步的高度则可在练习中根据自身情况进行调整。

作用

①开弓射箭的动作可刺激督脉和背部腧穴,拉开手太阴肺经和手阳明大肠经,起到按摩经络、调理脏腑的作用。

②拉弓动作还可增加前臂和手部肌肉的力量,提高手腕关节及指关节的灵活度,对肩周肌肉群的运动还可预防肩周疾患。

③马步屈蹲可有效提升下肢肌肉力量,提高平衡和协调能力,矫正驼背等不良姿势。

第三段 ■ 调理脾胃须单举 ■

〉歌诀〈

外旋上穿经面前，一掌上撑一掌按。

掌根用力肘微屈，舒胸拔脊全身展。

西汉·马王堆汉墓导引图谱"引烦"　　清末·《新出保身图说》所载

东西独托，所以安其脾胃矣。

　　——（南宋）曾慥《道枢·众妙篇》

东脾单托兼西胃。

　　——（南宋）陈元靓《事林广记·修真秘旨》

东肝单托西通肾：右手握固，柱右肾堂，左手极力托之。左手握固，柱左肾堂，右手极力托之。左右各三次。

　　——（宋元时）《灵剑子引导子午记·引导诀》

鼎凭单臂举。

　　——（清）娄杰《八段锦坐立功图诀》

图1　　　　　　　　图2　　　　图3

动作

①接上式，两手变掌，左手向左侧展臂，右手塌腕，两臂平伸于身体两侧，掌心向下。头由右转至左侧，目视左方。（图1）

②左脚渐向右收，两腿屈膝并拢，同时两手缓缓下落，向身前收，掌心向上，指尖朝前下方，伸于腹前，掌不相靠，目视前下方。（图2、3）

③渐起身，两腿伸直，两手上托至胸前，指尖朝前上方，目视前方。（图4）

④右手五指伸直并拢，指尖向上，上举于额前翻掌，指尖向左，呈上托之势，同时左手下按于体侧，掌心向下，指尖向前。头向后仰，眼看右手指尖，同时吸气。（图5、6）

图4　　　　　　图5　　　　　　图6

⑤双臂复回原位，换左手上举，右手下按。头向后仰，眼看左手指尖，同时吸气，复原再呼气。（图7、8、9）

两手轮流上托下按，全套动作练习时，左右手各做3遍，单式练习时可重复16~20遍。

动作要领：
①手臂上举和下按时，要力达掌根，舒胸展体，拔长腰脊，手臂伸直，要有撑天拄地之势。
②运动时要注意配合呼吸均匀。

图7　　图8　　图9

易犯错误

①两臂在上撑、下按时，掌指方向不正。（图10）
②肘关节僵直，没有弯曲度。
③两臂对拉力度不够，上体不够舒展。

纠正方法：
①上举和下按时两掌放平，上指尖朝向对侧，下掌指尖朝前。
②肘关节稍屈，掌根用力。
③两手掌根用力时，两肩充分拉伸。

作用

①左右两臂的上下对拉，可牵引腹腔，按摩脾胃，改善脏腑机能，还可舒经活络、调和气血。
②左右两臂的上下对拉，还可锻炼脊柱、关节、肌肉和韧带等，从而增强脊柱的灵活性与稳定性，对颈、肩、腰等骨关节疾病起到预防与保健作用。

图10

第四段 ■五劳七伤往后瞧■

〉歌诀〈

立身中正手背后，转头双目往后看。

意念集中经大椎，下身不转上身转。

西汉·马王堆汉墓导引图谱

清末·《新出保身图说》所载

返复而顾，所以理其伤劳矣。
　　　——（南宋）曾慥《道枢·众妙篇》

五劳回顾七伤调。
　　　——（南宋）陈元靓《事林广记·修真秘旨》

五劳回顾七伤调：右手抱左肘则左顾，左手抱右肘则右顾，皆极力三作。
　　　——（宋元时）《灵剑子引导子午记·引导诀》

动作

①接上式，左手下落，两手自然下垂于身体两侧。头转向前，挺胸收腹，目视前方。（图1、2）

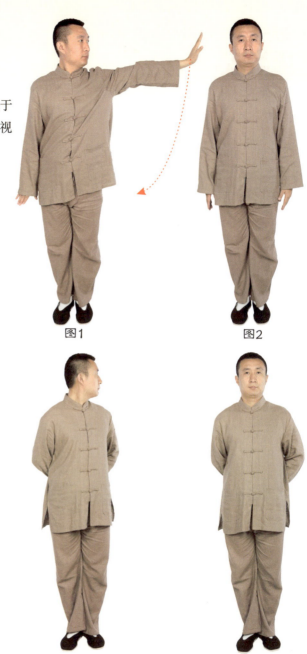

图1　　　　图2

图3　　图3背面　　　　图4　　　　　图5

②两臂置于腰后，左手在内抓握右手腕，右手掌心向外。目视正前方。（图3、3背面）

③下半身不动，头慢慢向左转，眼向左后方看，深吸气，稍停片刻。（图4）

④头转回原位，眼平视前方，呼气。（图5）

⑤头再慢慢向右旋转，眼向右后方看，深吸气，稍停片刻。再转回原位，眼平视前方，呼气。（图6、7）

以上转头动作反复做16～20遍。

动作要领：

　身体直立，自然放松，下身不转上身转。

图6　　　　　图7

易犯错误

转头时身体后仰，转头不充分。（图8）

纠正方法：

　转头时保持上体中正，头向后转，百会穴领起，眼平视后方，尽量望向远方。

作用

①"五劳"是指久视伤血、久卧伤气、久坐伤肉、久立伤骨、久行伤筋；"七伤"是指忧愁思虑伤心，大怒气逆伤肝，寒冷伤肺，大饱伤脾，强力举重、久坐湿地伤肾，恐惧不节伤志，风雨寒暑伤形。该动作通过头部和身体扭转的静力牵张，可起到扩张牵拉胸腔、腹腔内的脏腑，治疗五劳七伤的作用。

②转头动作还可以刺激任督二脉，调和脏腑气血运行。

③可放松颈部肌肉，锻炼颈椎，改善颈部和脑部血液循环，缓解中枢神经系统疲劳。

图8

■攒拳怒目增气力■

〉歌诀〈

马步下蹲握固拳，向前向左向右击。

旋转运拳瞪双眼，拧腰顺肩趾抓地。

西汉·马王堆汉墓导引图谱"引聋"

清末·《新出保身图说》所载

大小朝天安五脏。

—— (南宋) 陈元靓《事林广记·修真秘旨》

更同飞燕急。

—— (清) 娄杰《八段锦坐立功图诀》

图1   图2   图3

动作

①接上式，两手自然垂伸于身前两侧，掌心向后。接着提左脚向左横跨，两腿屈膝成马步，同时两臂向前缓缓上抬，与胸平时两掌变拳，拳心向下。目视前方。（图1、2、3）

图4   图5

②两拳收回两腰侧，拳心朝上。接着右拳向前猛冲，拳与肩平，拳心向下。两眼睁大，虎视前方。（图4、5）

图6   图7

③右拳收回至腰旁，接着左拳向前猛冲，拳与肩平，拳心向下。两眼睁大，虎视前方。（图6、7）

图8   图9

④左拳收回至腰旁，然后右拳向右侧冲击，拳与肩平，拳心向下。头转向右，两眼睁大，虎视右方。（图8、9）

⑤右拳收回腰旁，头回转向前，然后左拳向左侧冲击，拳与肩平，拳心向下。头转向左，两眼睁大，虎视左方。（图10、11）

以上向前方及两侧冲拳动作为一遍，全套动作练习时做3遍，单式练习时可做16～20遍。

图10　　　　　图11

动作要领：
①马步下蹲时要立身中正，马步的高低可根据自身状况而定。
②冲拳时要怒目睁眼，脚趾抓地，拧腰顺肩，力达拳面。
③动作要配合呼吸，冲拳时呼气，收拳时吸气。

易犯错误

冲拳时上体前俯，塌腰、耸肩。（图12、12侧面）

纠正方法：
①冲拳时肩部松沉，身体中正。
②前臂贴肋前送，肘臂伸直，力达拳面。

图12侧面　　　　　图12

作用

①攒拳可增强手指力量，冲拳有益于增长全身气力，并提高人体关节活动功能。
②怒目睁眼可疏泄肝气，调和气血，提高肝的疏泄和藏血功能。
③两腿下蹲十趾抓地、双手攒拳等动作，可刺激全身肌肉、筋脉，使全身筋肉结实，气力增加，增强机体适应能力和预防疾病的能力。

第六段 ■两手攀足固肾腰■

〉歌诀〈

以臂带身上抻展，转掌下按攀足前。

俯身向下循序进，强腰固肾勤习练。

西汉·马王堆汉墓导引图谱"俛厥"

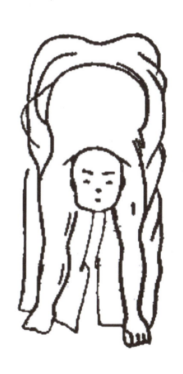

清末·《新出保身图说》所载

两手搬脚定于腰。

—— （南宋）陈元靓《事林广记·修真秘旨》

手攀双足理于腰。

—— （宋元时）《灵剑子引导子午记·引导诀》

威严似虎狞。

—— （清）娄杰《八段锦坐立功图诀》

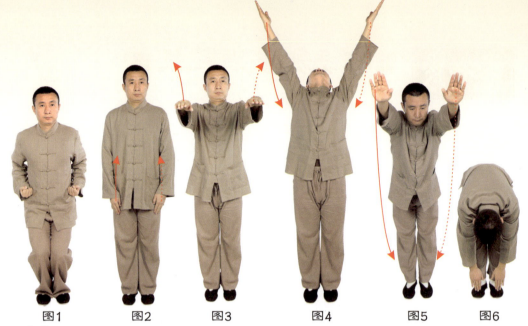

图1　　　　图2　　　　图3　　　　图4　　　　图5　　　　图6

动作

①接上式，左脚向右侧回收，两腿屈膝并拢，左拳收回腰旁。头转向前，目视前方。（图1）

②两腿直立，两手自然置于身体前侧大腿处，掌心向后。随即两手上抬，两臂高举，斜向上打开，手臂伸直，掌心相对，头向后仰。（图2、3、4）

③两腿保持挺直，身向前俯，低头弯腰，同时两臂向前下方垂落，两手指尖触碰脚面。（图5、6）

④起身，回复自然直立，然后重复以上仰俯动作。

以上一仰一俯为1遍，全套动作练习时做3遍，单式练习时可做16~20遍。

动作要领：

仰俯过程中，两腿保持直立，以双臂的运动带动身体的运动。

易犯错误

①两臂朝前方下落时，弓背屈膝。（图7）

②向上起身时，起身在前，举臂在后。

纠正方法：

①两臂朝前下方落时，弯腰低头，腿、臂伸直。

②向上起身时以臂带身。

图7

作用

①前俯攀足和直起还原等动作可锻炼腰部，刺激人体脏腑和命门、阳关等穴位，起到防治生殖泌尿系统慢性病的作用。

②脊柱大幅度的前屈后伸以及双手攀足的牵拉，可锻炼脊柱及两侧的肌肉群，可防治脊椎病和腰肌劳损等病症。

■ 摇头摆尾去心火 ■

〉歌诀〈

马步下蹲臀收敛，先倾后旋向后看。

颈尾伸拉头上顶，头摇尾摆对称转。

西汉·马王堆汉墓导引图谱"弯腰"

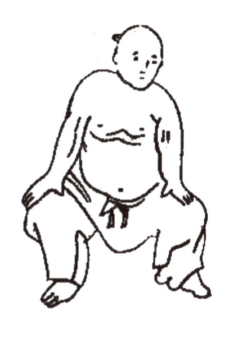

清末·《新出保身图说》所载

大小朝天，所以通其五脏矣。摆鳝之尾，所以祛心之疾矣。

　　　　——（南宋）曾慥《道枢·众妙篇》

鳝鱼摆尾通心气。

　　　　——（南宋）陈元靓《事林广记·修真秘旨》

游鱼摆尾通心脏：双展两臂摆之，数多为妙。

　　　　——（宋元时）《灵剑子引导子午记·引导诀》

动作

①接上式，身体起身直立，两手自然垂于体侧，成立正姿势。接着左脚向左横跨，宽与肩同，两臂朝身体两侧扬起平伸，掌心向下，高略低于肩。（图1、2、3）

图1　　　　　　　　图2　　　　　　　　图3

②两腿屈膝下蹲成马步，两手按在膝上，虎口向内。上身及头前俯深屈，随即头胸尽量向左后方旋转，同时臀部则相应右摆，左膝伸直，右膝弯曲。（图4、5、6）

图4　　　　　　　　图5　　　　　　　　图6

③还原至正中，随即头胸尽量向右后方旋转，同时臀部则相应左摆，右膝伸直，左膝弯曲。（图7、8、9）

上身及头左右摇摆为一遍，全套动作练习时做3遍，单式练习时可做16～20遍。

| 图7 | 图8 | 图9 |

动作要领：
①马步扶按时要悬颈竖脊、收髋敛臀、上体中正。
②摇转时，颈部与尾闾对拉拔长，颈部放松，动作柔和缓慢，圆活连贯。

易犯错误

①摇转时头部僵直，尾闾转动不圆活，或者挺胸展腹，上体后仰。
②头胸尽量向后旋转时，两腿均屈膝。（图10）

纠正方法：
①摇转时颈部肌肉尽量放松，不要用力，头部转动速度要慢于尾闾转动。向前转尾闾时收腹，向后转头时含胸塌腰，敛臀立身。
②头胸尽量向后旋转，头转同侧腿应伸直，异侧腿屈膝。

作用

①两腿下蹲摆动尾闾可刺激脊柱、督脉等，而摇头则可刺激大椎穴，起到舒经泄热、去除心火的作用。
②脊柱的大幅度侧屈、环转和回旋，可以锻炼腰腹、头颈等肌肉群，提高关节灵活性，增加肌力。

图10

 **■背后七颠百病消■**

〉歌诀〈

两脚并拢要沉肩，呼吸均匀把足颠。

脚跟抬起稍停顿，下落震地全身安。

西汉·马王堆汉墓导引图谱"嘻"

清末·《新出保身图说》所载

漱津咽纳指双挑。

——（南宋）陈元靓《事林广记·修真秘旨》

立马告功成。

——（清）娄杰《八段锦坐立功图诀》

48

动作

①接上式，上身回转向前，起身直立，两手自然垂落于身体两侧。随即左脚向右侧回收，两腿伸直并拢，成立正姿势。（图1、2、3）

图1　　　　　　　　图2　　　　　　　　图3

②两手置于腰后，左手在内并抓握右手腕，右手掌心向外。目视正前方。（图4）

③上身直立，两膝伸直，脚跟尽量向上提，头向上顶，同时吸气。（图5、5背面）

图4　　　　图5背面　　　　图5

④脚跟回落着地，有弹跳感，同时呼气。（图6、6背面）

　　以上脚跟上提下落动作为1遍，全套动作练习时做3遍，单式练习时可做16～20遍。

动作要领：
①脚跟上提时脚趾抓地，脚跟尽力抬起，两腿并拢，提肛收腹，头向上顶，略有停顿，保持身体平衡。
②脚跟下落时沉肩，咬牙，轻震地面，全身放松。

图6　　　　　图6背面

易犯错误

①脚跟上提时，下颌刻意内收，两肩耸起，身体重心不稳。（图7）
②脚跟下落颠足时速度太快，用力过大。

纠正方法：
①脚跟上提时脚趾抓地，肩向下沉，立项竖脊。
②向下颠足时，先缓缓下落一半，然后再轻震地面。

图7

作用

①提踵颠足可刺激脊柱、督脉和足部有关经脉，调节相应脏腑功能，使全身脏腑经络气血通畅，阴阳平衡。
②颠足震动还可放松全身肌肉，缓解肌肉紧张，并发展小腿后部肌群力量，锻炼足底肌肉、韧带，提高人体的平衡能力。

收势

〉歌诀〈

体态安详身自然，均匀呼吸鼻内旋。

两手相合向下按，将气收归下丹田。

图1	图2	图3

动作

①接上式。左手松开，两手向两侧上摆，与髋同高，掌心向下，目视前方。（图1）

②两臂随即朝身前伸直，掌心向下，目视前方。（图2）

③两臂自然下落，两掌轻贴于两腿外侧，目视前方。（图3）

动作要领：

全身放松，气沉丹田，保持愉悦心情。

易犯错误

收功时心浮气躁，动作草率。

纠正方法：

收功时周身放松，气沉丹田，动作要徐缓柔和。

作用

放松全身肌肉，调整呼吸，愉悦心情，有助于进一步巩固练功效果。

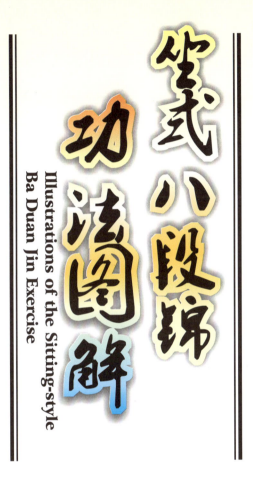

第四章
Chapter Four

坐式八段锦功法图解
Illustrations of the Sitting-style
Ba Duan Jin Exercise

坐式八段锦采取盘跌坐势，练法恬静，运动量小，比立式八段锦更适于身体素质较弱的人习练，以助于增强体力，提高身体素质。坚持练习坐式八段锦，对保持精力充沛、健体延年具有极强的实用保健功效。本章在介绍具体练法的同时，对功效也做了简要说明。

第一段　■叩齿集神■

动作

①自然盘坐，正头竖颈，两目平视，松肩虚腋，腰脊正直，两手轻握，置于小腹前。冥心静坐3~5分钟。
②口不张开，上下牙齿相叩作响36次。
③叩齿闭口，静心调息。（右图）

功效：

　　冥心可净化大脑，颐养身心，抚平躁动情绪；叩齿可固齿，并舒缓头面部的肌肉，能宁心安神、健脑。

第二段 ■掌抱昆仑■

动作

①接上式，两手十指相叉，自身前缓缓向上举起，经身前向上举过头，向后以两掌抱于后脑枕骨处。（图1、2、3、3背面）

图1　　　　　　　　　　　　　　　　图2

图3　　　图3背面　　　　　图4　　　图4背面

②头部抬正，下颌内收，两手微微向前用力，头向后用力，呼吸9次，不要出声。（图4、4背面）

功效：

　　手抱枕骨向前与头向后靠的两股力量形成对冲，可使后头部肌肉产生一张一弛的运动，缓解头部肌肉紧张。

55

第三段 ■指敲玉枕■

动作

①接上式，松开相叉的十指，手向两侧分开，两掌掩实两耳，食指相对，贴于两侧的玉枕穴上。（图1）

图1

②闭目，头微低，食指相叠于中指之上随即用力滑下，以弹力缓缓叩击玉枕穴，状如击鼓，使两耳有咚咚之声。左右指同时弹击24次。（图2、2背面1、2背面2）

功效：

　　指敲玉枕穴可醒脑集神，聪耳明目。

图2背面1

图2背面2

图2

第四段　微摆天柱

图1

图2

图3

动作

①接上式，抬头面向正前，目视前方。两手自颈侧滑落，在身前对握，两掌翻转，掌心向上，双手右上左下落于小腹前。（图1、2、3）

②竖颈，上身不动，转头向左右顾看，连做24次。（图4、5）

图4

图5

功效：

　　天柱是指整个脊椎，微摆天柱可以刺激大椎穴，调节手足三阳经和督脉，对颈椎等疾病的防治具有良好的效果。

第五段 ■ 手摩精门 ■

图1

图2

图3

动作

①接上式，吸一口气，停闭不呼出。两手按于腹部，然后分开，贴腹部两侧向后摩运至腰后，转腕，手指向下，目视前下方。（图1、2、3）

图4

图5

②两掌贴腰后做上下连续摩擦运动24遍，同时呼气，目视前下方。（图4、图5）

功效：

精门指腰后外肾，经常摩擦肾腧穴与腰眼，可温肾固本，固精益肾、强腰壮肾，有防治腰痛、下肢无力、阳痿、痛经等效果。

58

第六段 ■双关辘轳■

图1　　　　　　　　　　图2　　　　　　　　　　图3

动作

①接上式，两手由背后向前划摆，落于两膝。两腿向前平伸并拢，上身直立，目视前方。（图1、2、3）

图4　　　　　图5　　　　　图6　　　　　图7

②双手掌心向下自腰部向前伸出两手，向上画弧如车轮形后收，如辘轳转动般自前向后做圆周运动数次。（图4、5、6、7）

59

图8　　　　　　　　　　　图9

图10　　　　　　　　　　　图11

③两手再按相反方向，自后向前做圆周运动数次。（图8、9、10、11）

功效：

　　通过辘轳转动般的立圆运动，可活动肩关节，对糖尿病和颈椎病有疗效，还可治疗肩周炎及腰背疼痛等疾病。

第七段 ■托掩攀足■

图1

图2

图3

动作

①接上式，两手十指交叉于腹前，掌心向上。（图1）

②两臂抬至胸口时，转掌朝下。再继续上托至头顶，掌心翻转，凸腕反掌上托，仰头目视两手掌背。（图2、3）

图4

图5

图6

图7

③两手分开，上身前俯，两手随即向前下落，握住双足用力扳，扳时头向下低。（图4、5）

④两手再次十指交叉收于腹前，掌心向上，上身回转挺直，目视前方。重复上述动作，共做12遍。（图6、7）

功效：

　　向上抻拉脊柱、两胁和肩颈部，可壮腰健肾，调理三焦，疏肝利胆，防治肩颈疾病。俯身攀足可刺激任脉、督脉、带脉等多条经络，可锻炼脊柱、颈椎和腰背部肌肉。

第八段 ■任督运转■

动作

①接上式，两手按膝，随之两腿交叉后收，自然盘坐。目视前方。（图1、2）

图1

图2

②两手对握，掌心向上，双手右上左下置于小腹前。闭目调息，鼓漱吞津，意守丹田，以意引导内气自中丹田沿任脉下行，至会阴穴接督脉沿脊柱上行，至督脉终结处再循任脉下行。（图3、4）

图3

图4

功效：

鼓漱可促进唾液分泌，吞津可调节全身气息，濡养周身，有消食化瘀、缓解疲劳、延缓衰老等功效。

第五章

八段锦的健身机理

Regimen Mechanism of
Ba Duan Jin Exercise

八段锦由古老的导引术发展而来，是我国极为优秀的传统健身功法之一，它的形成与发展和传统中医学有着密不可分的联系。本章主要从医学角度，对八段锦的健身原理进行分析和介绍。

一、炼五脏六腑，祛病强身
Train the Internal Organs to Resist Disease

"五脏六腑"是中国人用了几千年的一个名词，指的是人体内的主要器官。传统中医学理论认为，人身组织结构以五脏为最高级的五大系统，与之相配的则是六腑。内脏功能失常，气血不调就会使人生病。经常习练八段锦，则可以锻炼五脏六腑，从而起到祛病强身的功效。

下面以站式八段锦为例，阐释各式对脏腑的作用。

◎第一段 两手托天理三焦

"心为君之官"，强身须先强心。两手抻拉上托，胸廓随之上提，配合呼吸吐故纳新。其功效主要就是以调理上焦为首，调理心肺为主，进而由上焦带动中焦、下焦，由心肺带动其他脏腑。

◎第二段 左右开弓似射雕

这一动作是上一动作的继续，其作用以肺为主，兼及于心。肺主气而司呼吸，左右开弓的扩胸动作可加强吐故纳新的作用。

◎第三段 调理脾胃须单举

这一动作紧承以心肺为主的动作，主要作用于中焦脾与胃，具有加强摄入营养物质的运输与分配的效果。中医学认为脾胃是后天之本，饮食精微之气全靠胃的受纳与脾的运化。饮食经过脾胃等器官的消化吸收，再向上送至心肺，进而输布于全身。有消化系统疾病的患者，可在做完整套动作之后，将此动作进行单独练习。

◎第四段 五劳七伤往后瞧

这一动作作用于两肺尖，可改善两肺尖部的通气，强健肺脏，进而使肺气增强而补益全身，且通过背部经络的作用还可产生其他治疗效果。通过转头，增强颈部肌肉的收缩能力，加强胸椎及胸骨的活动，并能增加脑部血液供给，调节视神经，对脏腑气血和全身均有协调作用。

◎第五段 攒拳怒目增气力

这一动作通过运动四肢和头目，起到健脾、明目的作用。脾主四肢和肌肉，马步冲拳的动作可使全身肌肉、筋脉受到静力牵张刺激，长期锻炼可使全身筋肉结实，气力增加，进而增强脾胃功能。而肝主眼，怒目瞪眼则可刺激肝经，使肝血充盈、肝气疏泄，进而疏肝明目、强筋健骨。

◎第六段 两手攀足固肾腰

肾为先天之本，人体的健康长寿与肾的健旺密不可分。而腰为肾之府，通过两手攀足的动作可以运动腰部，缓解和治疗腰痛，并起到固肾的作用。同时，通过脊柱大幅度的前屈后伸，可有效发展躯干肌群的力量和伸展性，对肾等器官也有良好的牵拉、按摩作用。

◎第七段 摇头摆尾去心火

这一动作通过摇头摆尾大幅度的全身运动，可以有效调理五脏六腑，消除作用于五脏的郁火。心为全身之主，能代表五脏，所以"去心火"也是去除引起疾病的各种邪火。

◎第八段 背后七颠百病消

这一动作通过上下颠足运动，可使五脏安和，阴平阳秘，百病消除。脚趾是足三阴、足三阳经交会之处，脚趾抓地可刺激足部有关经脉，调节相应脏腑的功能。同时，颠足可以使头颈到整个脊柱、胯、膝与踵，以及体腔内的脏腑，在全身放松的上下震动中，得到锻炼和调整，从而使气血运行深入顺畅，消除疾病。

二、舒经活络，保阴阳平衡
Ease the Vessels of Body to Keep the Balance of Yin and Yang

习练八段锦，可以舒经活络，使全身气血畅通，濡养五脏六腑，促使人体保持阴阳平衡，从而有利于人体健康、延年益寿。

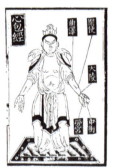

铜人腧穴针灸图经

中医认为经络不通，百病丛生，并且有"通则不痛、不通则痛"、"血得热则行，遇寒则凝"等说法。所以，通过练功畅通经络，就可以起到防治疾病的效果。具体来说，意守穴位或身体某个部位，使之发热，以及对身体局部进行牵拉抻扯、旋拧缠绕和自我按摩，都可刺激有关经络穴位，使全身气血通畅。

从经络的角度来看，立式八段锦以运动督脉为主，兼及任脉，其影响及于全身各阴阳经。任督二脉一前一后居于人体正中线，具有"总督诸经"的作用。任脉统任手、足三阴经；督脉统督手、足三阳经。八段锦的各个动作能促进经气在任督二脉中的运行，濡养脏腑。

此外，通过脊柱棘突、横突的牵动刺激背腧穴，也可以直接给五脏六腑以良好的影响。背腧穴分列于脊柱两侧足太阳膀胱经上，是脏腑经气输注于背部的穴位。脏腑疾病的治疗，往往可以通过刺激背部相应的穴位来达成，如肺病取肺腧穴、肾病取肾腧穴、眼病取肝腧穴等。而以脊柱运动为突出特点的八段锦运动，在通过脊柱运动牵动刺激这些穴位的过程中，自然可以起到舒经活络、调节阴阳平衡之功效。

◎第一段 两手托天理三焦

双手托天的动作可以拉开手三阴经。因经络与脏腑是相通的，所以通过这种松紧交替的经络按摩，逐渐畅通心、肺二脏之气，从而调理上焦心肺。加上动作中的呼吸配合，还可使膈肌上下有序地运动，腹肌也随之松紧交替，诱导位于中焦的脏腑及脾胃气血运行，久之自然气沉丹田，中焦之气得到贯通与滋生。

此外，随着练功的深入和呼吸的深长，运动中足跟上下起落的速度放慢，需要维持身体平衡与稳定所耗费的能量非同小可。这样，通过动用足厥阴肝经和足少阴肾经的经脉作用于脏腑，又可以使下焦肝肾得到稳固与强壮。

因此，该动作使上焦通、中焦活、下焦稳，有效地锻炼调理了五脏六腑，久之则元气滋生，功效甚深，其保健养生的重要性不言而喻。

将该动作放在第一段，可作为一种暖身预备运动，也为后面的练习做铺垫。

◎第二段 左右开弓似射雕

开弓射箭的动作可以拉开手太阴肺经和手阳明大肠经。太阴肺经从大拇指行走手臂内侧前缘，联络肺脏；大肠经从食指沿手臂外侧前缘上行入脏腑，归大肠。肺（脏）与大肠（腑）互为表里，这两个脏腑之气通过这种松紧交替的经络按摩，逐渐畅通，从而调理上焦肺、下焦大肠。加上肩胛骨有序开合，膈肌松紧有序运动，腹肌随之松紧交替。动作中配合呼气，使胸廓充分扩展，气血通畅，肺脏达到充分滋养的同时，兼顾调通上焦、中焦的脏腑。

该动作可直接有效地针对上焦肺脏进行锻炼调理，久之则调通肺气。肺主一身之气，将肺气打开，中可以助脾胃运化，金水相生，下可为补充肾水打开方便之门，功效甚深。

◎第三段 调理脾胃须单举

双肩为中焦气血的要津，传统锻炼法中常用松肩的方法来调理脾胃之气。一般人上肢用力，往往力量锁在肩关节，无法透达双手，而传统锻炼方法则要求松肩。本动作即是双手掌根用力，将力量贯通到双手。长期锻炼，可使肩胛放松，脾胃滞气随之调顺。

"脾胃为后天之本"，运化吸收水谷精微以滋养全身。该动作在松肩基础上抻开胸腹经筋，特别是胸腹的足阳明胃经和足太阴脾经，通过上下的抻拉，可以得到舒展和放松，使经络气血畅通，脾胃得到调理。

该动作直接有效地针对中焦脾胃进行锻炼调理，久之舒散脾胃滞气，中焦气血流通。

◎第四段 五劳七伤往后瞧

该动作在前三动作将肩周的气血疏通开的基础上，进一步通过松紧交替的锻炼，将颈椎周围筋肉梳理通畅，且能较好地刺激和疏通颈部的大椎穴，以调理各种虚劳疾病。

大椎穴又称"百劳"，位于人体督脉第七项椎下，它是手、足三阳经和督脉七条阳脉的会穴。手三阳之走头，足三阳之走足，皆行于颈而会于大椎。大椎穴对头部有关疾病、情绪疾病和人体寒热有着非常重要的调节作用。中医将脑视为元神之府，而颈项为其根基，对大脑供氧供血起着至关重要的作用。"往后瞧"就是从调节颈椎入手，使身心得到调整，从而缓解疲劳，对"五劳七伤"各种虚损型疾病的恢复均有所助益。

该动作锻炼得法，还可使整条脊背感觉气脉通畅，元神清醒，眼睛明亮，举手投足之间轻盈灵活。

◎第五段 攒拳怒目增气力

该式动作在站桩的基础上进行，站桩"圆裆"的要求可使外阴内缩，精气含藏，元气固秘于丹田。而足厥阴肝经走行经过外阴部，因此做好"圆裆"可以强壮肝经。

在松紧结合的动作中，如弹簧般地击拳即是"紧"，它是动作中的一瞬间，可由上肢带动，将章门穴打开。章门穴属肝经，系足太阴、厥阴、阴维之会，肝之募穴，调之可以疏肝养肝。该穴又属奇经之带脉，带脉循腰而过，腰部是足少阴肾经所属，腰为肾之府，带脉又和肾相关联，带脉总束腰以下诸脉，下焦是奇经汇集的所在，冲、任、督三脉皆发源于小腹部。动作中左右出拳由腰发力，不仅打开章门穴，久之还使环腰之带脉通过拧腰而使一周经络通畅，进而振奋冲、任、督三脉，使三脉气血壮实。章门还为八会穴之"脏会"，为五脏气机汇聚之处，该穴打通可疏泄五脏气机的壅塞。

松紧的这种密切配合和频繁转换，有助于刺激调节机体的阴阳协调能力，促使经气流通，滑利关节，活血化瘀，强筋壮骨。怒目瞪眼，则可疏泄肝气，从而调和气血，保证肝的正常生理功能。

攒拳养血，怒目疏肝。该式动作锻炼数十下之后，可使人感觉全身气血流通，筋骨壮满有力，双目炯炯有神，面色红润，信心倍增。且强壮肝经还可对前列腺炎、阳痿、早泄等生殖系统疾病起到良好的调理作用。

◎第六段 两手攀足固肾腰

该式动作通过前屈后伸，可刺激人体脊柱、腰椎、督脉、足太阳膀胱经、命门穴、肾腧穴和腰阳关穴，并对肾脏起到牵引按摩作用。肾脏受到牵引按摩，可增强生化肾精、肾气的功能，进而又可增强命门穴的通达能力、肾腧穴转输肾气的职能作用，以及疏通并增强腰阳关穴的通关能力。

腰为肾之府，肾有主骨、生髓的生理功能。肾气、肾精的增强可温养腰部，腰部受温养使其所处经络穴位畅通，又有益于肾气、肾精的化生功能。呼吸吐纳和意念引气，可进一步刺激和畅通足太阳膀胱经和足少阴肾经，尤其是两膀胱经上的委中穴，进一步加强腰的保健强壮作用。

总之，在形、气、意三者的结合下，该式动作对固肾壮腰具有很好的效果。

◎第七段 摇头摆尾去心火

"摇头"可刺激大椎穴，泄热理气，镇静安神，清泻心火；"摆尾"可刺激脊柱和命门穴，增强肾阴对人体各脏腑器官滋养和濡润的作用，进而达到去心火的目的。

"腰为肾腑，命门贯脊属肾"，肾在五行中属水，主藏精；心在五行中属火。降心火须得肾水，心肾相交才能水火既济，壮腰强肾才能调理心火。通过上身前俯和尾闾摆动，可以疏通调理从胸走手之手少阴心经以及从足走胸之足少阴肾经，使居于下焦之肾真水上升，获得清养心火之功效。心火能制约肾水泛滥而助真阳，肾水又能制心火，使其不致过亢而益心阴，从而达到"水火相济"。在这一摇一摆、一升一降中，起到平衡阴阳、调理脏腑的作用。

◎第八段 背后七颠百病消

提踵颠足，内可以按摩五脏六腑，外可以舒缓筋骨。有谚语说：百练不如一走，百步走不如一抖。因为连续上下抖动可使肌肉、内脏、脊柱松动，五脏六腑皆悬挂于脊柱，而内脏的神经皆汇聚于脊柱，该动作的上下起落颠簸后背，实则通过后背脊柱的起落带动内脏进行运动，使五脏六腑得到震动而使之落实，五脏气机整合复位，全身气血调顺复原。

该式动作可以震动足跟，而足跟恰恰是肾经所过之处，与肾有密切的联系。有很多老年人有足跟痛的疾患，多是经络受阻和肾气亏虚所致。而轻微震动足跟，可以使肾气健旺，经络通畅，增强生命力，从而达到"百病消"的目的。

后记

古为今用的强身健体之法，颐养天年的健康真谛

　　健康是人们恒久追求的主题。智慧的古人积累了极其丰富和宝贵的保养经验，总结编创出了许多精妙的功法。时至今日，这些留传下来的功法仍适合现代人习练。

　　随着物质条件的不断改善，追求健康的要求也越来越高，人们不断修正健康的理念，在强健体魄的认识中更加注重身心的协调，除了在医疗卫生、饮食起居等方面加以关注之外，掌握一定的强身健体功法，并坚持练习，是道法自然的健康选择。

　　在浩瀚的中华文明中，八段锦、六字诀、五禽戏、易筋经的功效一直获人们盛赞，即使在现代社会，它们对大众健身仍有着非常积极的作用。

　　八段锦因适宜人群较广，动作难度适中，是现今流传最广、练习人群最多的健身功法之一。六字诀以吐字发音为核心，可辅以难度较小的动作配合，也可不配合动作单独练习吐字发音，甚至卧床练习，所以特别适宜体弱或下肢不便的人群习练。五禽戏和易筋经两个功法的难度稍高。五禽戏是模仿虎、鹿、熊、猿、鸟五种动物而创编的，在练习时不仅要把外在的动作练好，还应把握每种动物的神态神韵。易筋经常有抻展拉筋的动作，而且动作的练习和转换的速度比其他几种功法都要快，对体能和柔韧性有一定的要求。因此，每个人都可以根据自身的情况，在这四套功法中选择最适合自己的，从中获益。

　　练习这些功法，还应掌握科学的练习方法。在正式练功前，首先要选择舒适的穿着，一般要求穿宽松的运动衣裤，柔软平跟的运动鞋。练功的时间通常选择在清晨或者工作空闲之时。尽量避免在饱腹、饥饿、大怒或惊恐等非自然状态下练习。每次练功前都要做充分的热身准备活动。练功前的热身准备主要有两个作用：一是活动开全身的关节肌肉，防止在练功时受到损

伤，比如扭伤关节或拉伤韧带等；二是预热，可以调动全身内外，达到一个最佳的练功状态，这样可极大地提升练功时的效果，练习者切勿忽视。

练功过程中需谨记"量力而为，循序渐进"的要求，对于自己暂时无法完成的动作，可降低标准。比如马步下蹲的动作，老年人就可以站高来练；比如俯身下压、手触脚面或地面的动作，就可以暂不触及，要循序渐进、逐步提高。练功结束后一般要做充分的放松，使肌肉紧张的状况得到缓解，心情得到平复。可采用捶打、拍打、揉捏、弹抖等方法，这样能促进身体快速恢复，为下次练功做好准备。

流水不腐，户枢不蠹。练拳练功必须长期坚持，才有收效。国医大师邓铁涛教授已有99岁高龄，每日晨练八段锦，几十年如一日，如今耳聪目明，气旺神足，还能工作。目前，邓老练习诸如"调整脾胃须单举"的动作，每天能练30多次，难一点的"摇头摆尾去心火"也能练习10多次，可见其功力深厚。

本书的编撰得到了邓老的关心和支持，书稿完成后，特请邓老亲自斧正。邓老说："强身健体的真谛在于调节脏腑阴阳平衡，通过健身功法来调节脏腑阴阳平衡是有效的途径。"邓老还说："生命在于运动，但运动也不能超量。"应依据自身的情况，适量运动，才是有益健康的！

希望本书能让更多的人了解八段锦，获益于古法强身之道！

张志刚
2014年10月30日

图书在版编目（CIP）数据

陶弘景八段锦 / 张志刚编著. —— 成都：成都时代出版社，2018.4

ISBN 978-7-5464-2008-0

Ⅰ.①陶…Ⅱ.①张…Ⅲ.①八段锦－基本知识Ⅳ.①G852.9

中国版本图书馆CIP数据核字(2018)第000402号

陶弘景·八段锦
TAOHONGJING·BADUANJIN

张志刚 编著

出 品 人	石碧川	
责 任 编 辑	张　旭	
责 任 校 对	周　慧	
装 帧 设 计	◎中映良品（0755）26740758	
责 任 印 制	唐莹莹	

出 版 发 行	成都时代出版社
电　　　话	(028) 86621237（编辑部）
	(028) 86615250（发行部）
网　　　址	www.chengdusd.com
印　　　刷	深圳市连冠印刷有限公司
规　　　格	787mm×1092mm　1/16
印　　　张	5
字　　　数	110千
版　　　次	2018年4月第1版
印　　　次	2018年6月第1次印刷
印　　　数	1-15000
书　　　号	ISBN 978-7-5464-2008-0
定　　　价	29.80元